Die Last des Abschieds,
des Todes,
der Trauer,
musst du nicht alleine tragen.
Wenn die Angst nach dir greift,
werden Menschen um dich sein,
die mit dir weinen,
dir Mut zusprechen und
deine Hoffnung stärken.

Loslassen lernen
Schmerzen aushalten
Mit dem Verlust leben
Ängste mitteilen
Trauer zulassen
Glück erinnern
Hoffnung festhalten

In der Nacht der Angst,
der Trauer,
der Wut,
der Verzweiflung
will ich dich trösten,
dass du nicht allein bist,
dass Zuversicht in dir wächst
und die Hoffnung auf einen Neuanfang.

Ich wünsche dir Augenblicke der Erinnerung,
die dich dankbar werden lassen
für gemeinsame Stunden der Freude,
der Auseinandersetzung,
der Versöhnung,
des Hoffens,
des Sorgens,
der Liebe und
der Trauer.

Auch beim Lachen
kann das Herz trauern.
Sprüche 14,13

Das Lachen ist die Schwester der Trauer.

Der Tod ist der Feind der Hoffnung.
Er verlacht unsere Wünsche
nach ewigem Leben.
Der Glaube ist die verwegene Zuversicht,
dass unsere Hoffnung
nicht vergeblich ist.

Damit hatte der Tod nicht gerechnet:
Dass man ihm ins Gesicht lachte.

Möge ein Engel die Fesseln deiner Trauer lösen.
Möge ein Engel die Tränen deiner Verzweiflung trocknen.
Möge ein Engel deine Sehnsucht nach Trost stillen.
Möge ein Engel die Dunkelheit deines Herzens vertreiben.
Möge ein Engel ein Lachen auf dein Gesicht zaubern.

Gott, ich weiß nicht mehr weiter.
Meine Sorgen drücken mich nieder.
Gib mir Kraft, diese Last zu tragen.
Gib mir Mut, die Furcht zu überwinden.
Gib mir Geduld, die Schmerzen auszuhalten.
Gib mir Zuversicht, dass ich bei dir geborgen bin.

Es muss weitergehen.
Muss es das? **Es wird weitergehen,**
wenn du dir Zeit nimmst
und inne hältst,
den Schmerz aushältst,
Trauer zulässt
und die Erinnerung wach hältst.

Denn geschaffen hat du uns zu dir,
und ruhelos ist unser Herz,
bis es Ruhe findet in dir.

Augustinus

Ruhe finden

Es ist nicht der Tod.
Sondern das Leben.

Leben

Zwischen
Angst
Und
Angst
Blüht
Der
Trost

Was trösten kann:

Ein Krokus im Schnee.
Eine Blüte am Apfelbaum.
Eine duftende Wiese.
Ein Regenbogen am Himmel.
Der Blick zum Horizont.
Spielende Kinder.

Du.

Ein Teil von mir.
Bist nicht mehr.

Ich.

Ein Teil von dir.
Lebe weiter.

Wir.

Eines Tages.
Sehen uns wieder.

Wir nehmen Abschied,
aber er wartet auf uns.

Wir lassen los,
aber er fängt uns auf.

Wir weinen,
aber er trocknet die Tränen.

Der Tod kommt – am Ende deiner Zeit.
Bereite dich auf seinen Besuch vor.
Verdränge die Gedanken an ihn nicht.
Denn das kostet dich Kraft – zum Leben.
Der Tod hat nicht das letzte Wort.
Gott hat uns die Hoffnung gegeben,
dass ein neues Leben beginnt.

Du bist nicht mehr da.
Mein Leben ist ärmer.
Meine Tage sind grau.
Mein Zuhause ist kalt.
Meine Gedanken sind leer.
Meine Seele ist wund.
Die Erinnerung an dich
gibt mir Trost.

Klopft Kummer an deine Tür,
so lass ihn herein.

Es ist besser, sich ihm zu stellen,
als mit der Angst zu leben,
dass er draußen lauert
und dich jederzeit überfallen kann.

Öffne dem Kummer die Tür,
denn sein Bruder, der Trost,
ist dann nicht weit.

Du darfst:

weiter leben,
weiter lieben,
weiter lachen,
weiter glauben,
weiter beten,
weiter hoffen.